AF218320

LA ETERNA FUGACIDAD

Javier López Cazalla

EDITORIAL

Poesía... eres tú.

La eterna fugacidad

Primera Edición 2024
© *Javier López Cazalla 2024*

© *Editorial Poesía eres tú.*
https:// poesiaerestu.com
C/Dr. Fleming Nº50, 4ºD
28036 Madrid
Teléfono: 34 91 999 13 12

ISBN: 978-84-18893-83-4
Depósito Legal: M-24468-2024

LA ETERNA FUGACIDAD

JAVIER LÓPEZ CAZALLA

INTRODUCCIÓN

En este libro he mezclado el arte de la fotografía con el de la poesía para crear una combinación de sentimientos que es precioso sentir. Las fotografías han sido realizadas con mi teléfono móvil porque como dijo el creador del fotoperiodismo moderno Alfred Eisenstseft "lo más importante no es la cámara, sino el ojo" y es que para hacer buenas fotografías no es necesario gastarse mucho dinero en comprar una buena cámara, basta con capturar la belleza que todavía nadie ha fotografiado, pues cada una de las fotografías de la obra cumplen con la mismas magníficas y sorprendentes características que los poemas y versos sueltos que los acompañan, dando al libro una textura mágica de profundidad y armonía que hace llegar al lector al máximo nivel de disfrute.

*A todos los corazones tristes
que nunca pudieron ser salvados.*

LOS HIJOS DE LA LUNA

Las estrellas brillan más
cuando las miramos juntos.

LA SOMBRA DE MADRID

La humanidad está tan podrida y desgastada
que los asesinos, locos y mendigos
siguen siendo las mejores personas del mundo.

EL SECRETO DEL AGUA

La lágrima que más duele
es la que nunca se seca.

LAS ALAS DE LA LUZ

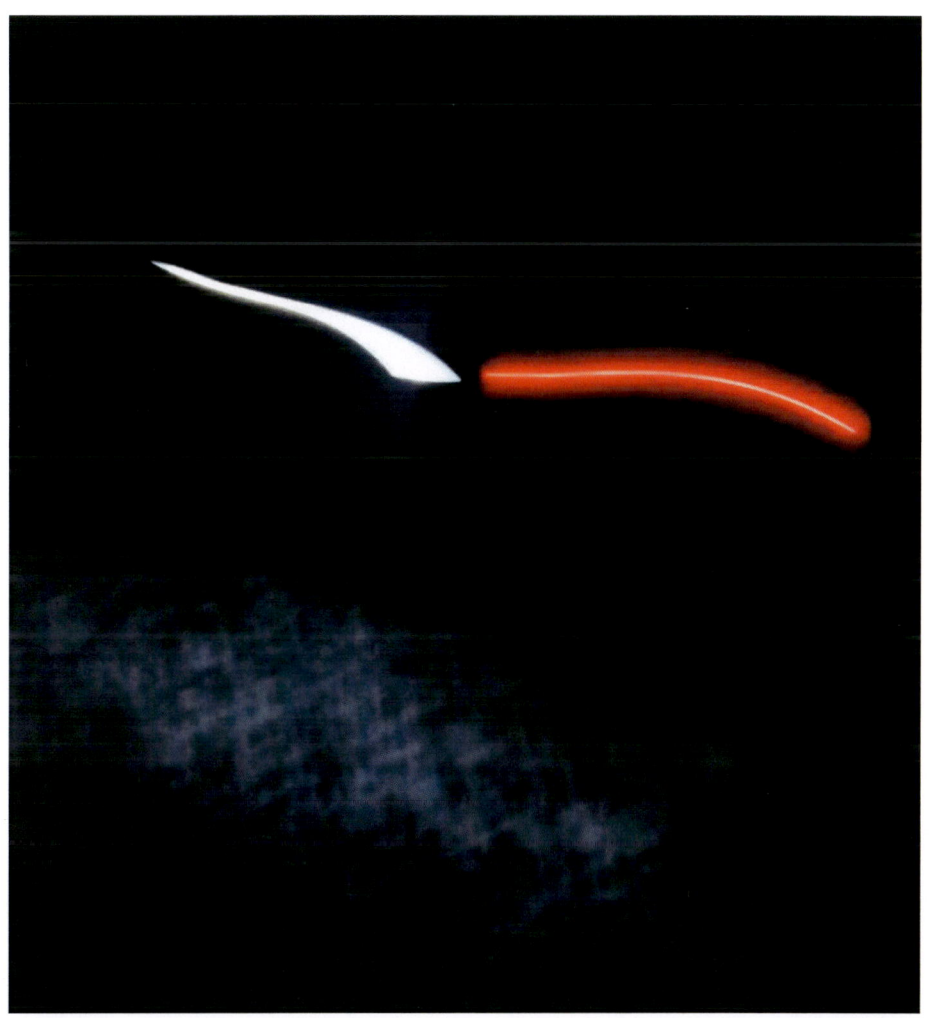

EMPECEMOS DE NUEVO

Me gustaría poder volver
a la tarde en que nos conocimos
solamente para poder ver
la última vez que más nos quisimos.

Quisiera regresar al pasado
cuando los dos éramos felices
estando el amor de nuestro lado
y el corazón limpio de matices.

Desearía empezar de nuevo
donde se besaron nuestras bocas
porque ahora mismo no me atrevo
a reprocharte que te equivocas.

Pues no sé en qué preciso momento
perdimos esa felicidad
que nos impulsaba como el viento
a amarnos toda la eternidad.

CORAZÓN DE INOCENCIA Y SOMBRA

Apareciste en mi vida
para desaparecer juntos de ella.

ATARDECER DE SANGRE

Después del amor
no hay después.

AZUL SUFRIDO

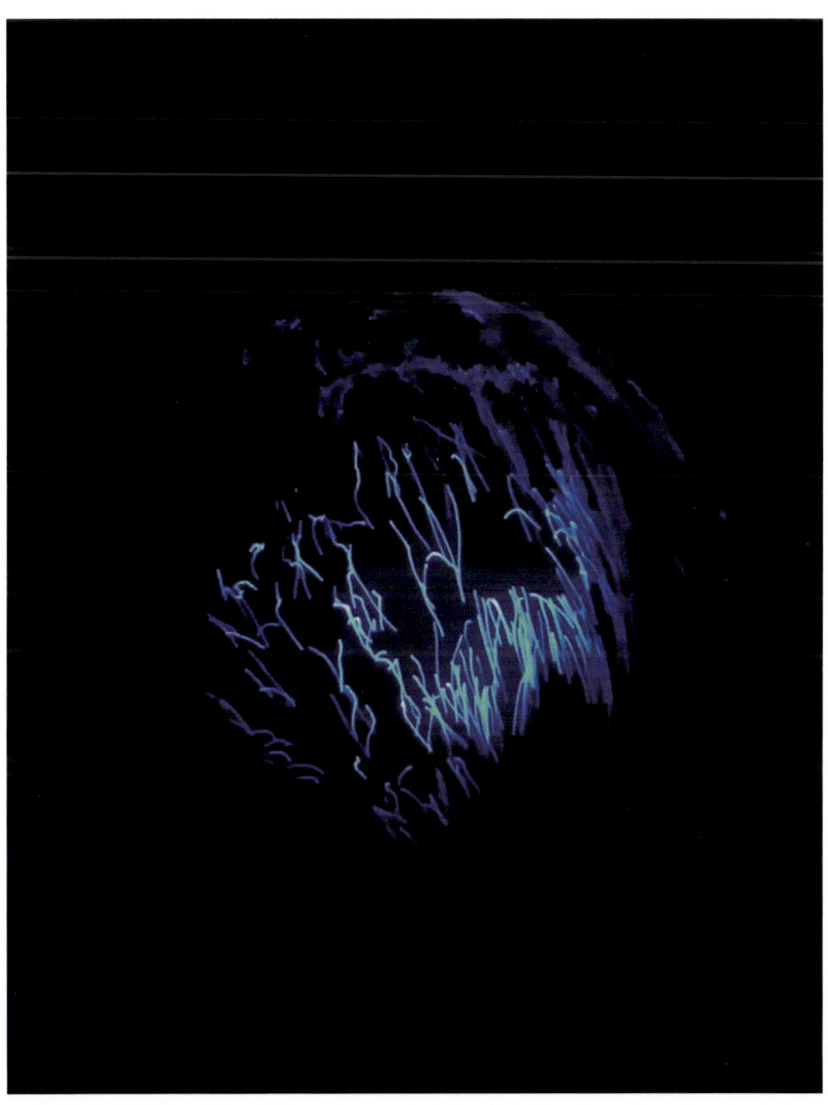

Mi único error fue soñar
sin saber que podría
no hacerse realidad.

CORAZÓN DE CORAZONES

Mi amor por ti es más antiguo
que el tiempo,
más interminable que el infinito
y más auténtico que la realidad.

CAMINO DEL TIEMPO

UN AMOR DISTINTO

No nos parecemos en nada,
somos como el día y la noche,
cuando salgo de madrugada
ella está volviendo en su coche.

Ella siempre sale de fiesta
cuando yo prefiero la cama,
y cuando voy a dormir la siesta
no quiere ponerse el pijama.

A ella le gusta ir a conciertos
y a mí me gusta ir a museos,
ella no cree en los expertos
y yo no creo en los deseos.

Ella llega pasada la hora
y yo llego siempre puntual,
ella por casi nada llora
y a mí todo me sienta mal.

Y aunque más de una pretendienta
sea a mí más que parecida
ni aunque se preste de sirvienta
dejo yo al amor de mi vida.

Pues si os soy realmente honesto
me encanta poderos decir
que he encontrado a mi polo opuesto
y que es quien me inspira a escribir.

EL LABERINTO DE LA CAÍDA

EL JUICIO FINAL

¿Quién fue el que encerró a la luna
en una gota de cielo
para dejar sin fortuna
a quienes mueren sin duelo?

¿Quién fue el que le puso al fuego
alfileres en sus bordes
porque le pareció un juego
de silencios y de acordes?

¿Quién fue a quien le entró la prisa
en crear la primavera
sin quitarle la sonrisa
a la muerte que la espera?

¿Y quién fue el de la ocurrencia
de ponerle vida al mundo
cometiendo la imprudencia
de acabarla en un segundo?

Pues quien sea el responsable
deberá de ser juzgado
por la voz inapelable
que a todos nos ha faltado.

A PELO Y A PLUMA

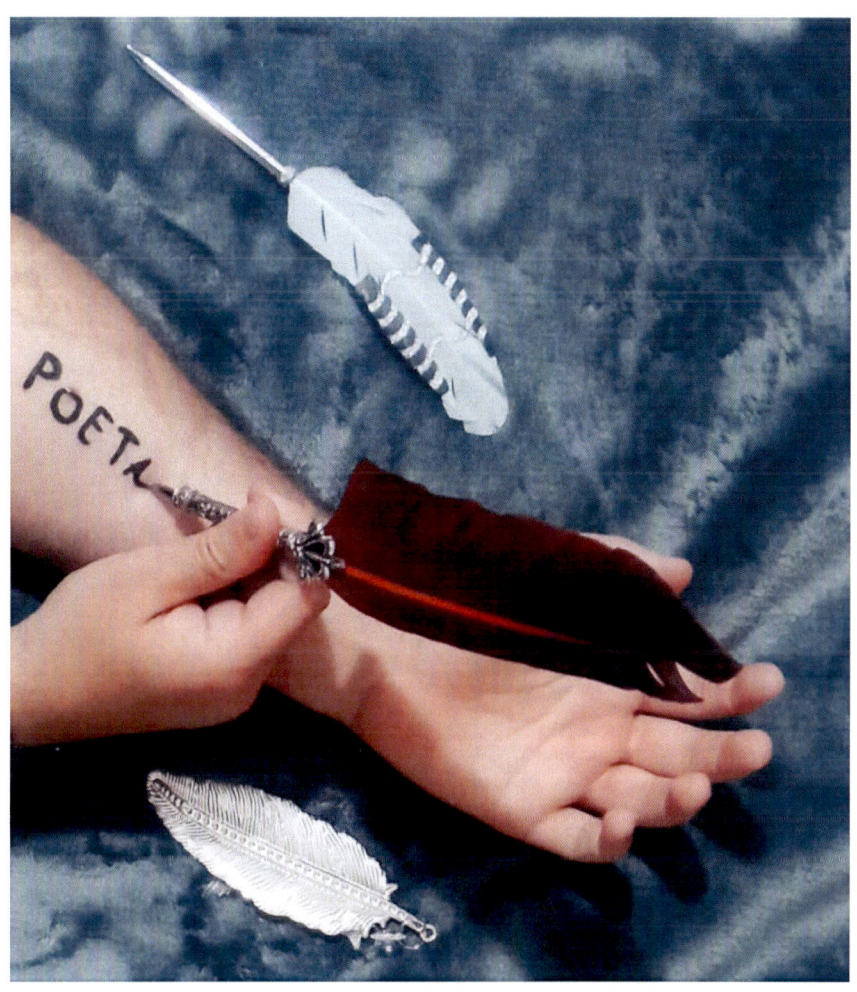

Soñar es la forma
más bonita de estar loco.

SUEÑOS DE ALGODÓN

ARREPENTIMIENTO

He sido un tonto y me he equivocado
porque nunca he sabido quererte
y si hay cosas que no te he contado
solo ha sido para protegerte.

No te mereces estar conmigo
y yo no merezco tu perdón
pero me duele no estar contigo
y he silenciado mi corazón.

Pues aunque sea bastante tarde
para mostrarme como un valiente
no quiero seguir siendo un cobarde
sin hacerle a los errores frente.

Y es que si alguna vez te he mentido
ha sido porque me duele mucho
que creas que nunca te he querido
porque por ti hasta la muerte lucho.

Pues te prometo con la verdad
de quererme por ello morir
que ninguna otra infidelidad
he cometido ni va a ocurrir.

EL PASADO DE MÓSTOLES

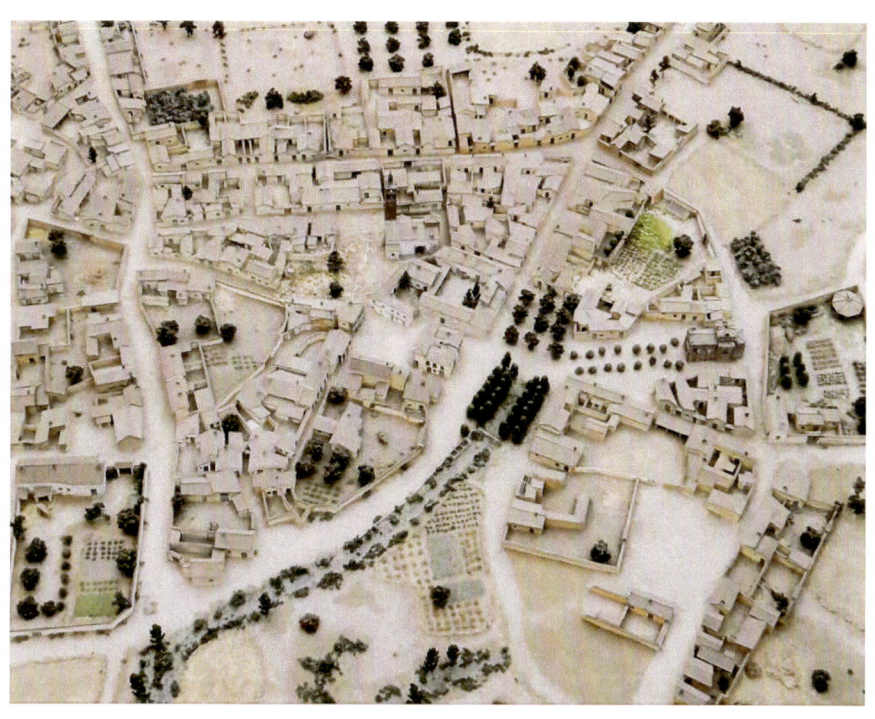

¡VIVA MÓSTOLES!

De la vieja fuente de los peces
mana el valor de aquellos valientes
que vencieron a Francia con creces
sin secarse el sudor de sus frentes.

Y es que Móstoles sabe a coraje,
valentía, poder y victoria
porque sigue presente el linaje
de los héroes de nuestra historia.

Pues aún late en mi corazón
la sangre de mis antepasados,
las agallas de Andrés Torrejón
y el silencio de los fusilados.

Y es que esta es la tierra de los sueños
donde todos somos los apóstoles
de cada uno de los mostoleños
que con orgullo honramos a Móstoles.

EL SENDERO OCULTO

EL PRONTO INVIERNO

Cuando pesa más el dinero
que la sangre de un inocente
el amor se reduce a cero
aunque la compasión aumente.

Cuando hay futuros sin futuro
que requieren un cambio drástico
no hay en la vida nada más duro
que una alegre mueca de plástico.

Cuando el milagro de la luz
es competencia de la muerte
ni Cristo libre de su cruz
puede cambiar tan mala suerte.

Y cuando en menos de un segundo
solo puede quedar la herida
el último en venir al mundo
es quien debe arreglar la vida.

DETALLES DE PRIMAVERA

VALIENTES DEL AMOR

Los toreros se rompen la piel
y los poetas el corazón
porque los pétalos de un clavel
pueden matar igual que un pitón.

Los toreros mueren bajo el sol
y los poetas bajo la luna
porque no hay suficiente alcohol
para olvidar tan triste fortuna.

Los toreros ofrecen su vida
y los poetas ofrecen su alma
porque la muerte duerme vestida
de soledad, añoranza y calma.

Y es que los toreros y poetas
nunca tienen miedo de querer
aunque los llantos y volteretas
los cause el amor de una mujer.

INVOCANDO AL VERSO

EN EL CIELO ES PRIMAVERA

Sin ti jamás volveré a ser un hombre
porque ya nunca podré ser quien era
y a la luna bautizaré en tu nombre
porque sé que tu corazón me espera.

Eres lo más bonito que he tenido
y en mi pensamiento siempre te llevo
por eso quiero irme a donde te has ido
para volver a estar juntos de nuevo.

Y quererte sin tiempo y sin edad
pero está vez sin miedo de perderte
porque en la gigantesca eternidad
no existe el sufrimiento ni la muerte.

LA MAGIA DE LOS DESEOS

No sé distinguir
la noche de la soledad.

CIELO FLORECIDO

Amar es proteger de ti mismo
a quien más quieres.

LA LLUVIA TAMBIÉN TRABAJA

Qué feliz sería sin la felicidad.

MI ESCRITORIO

DE LA POESÍA A TI

Del silencio a la luz,
del polen al invierno,
del amor a la cruz
y del dulce al infierno.

De la paz a la muerte,
del recuerdo a la nada,
del azul a la suerte
y del sol a la azada.

Del sueño a la riqueza,
del mar a la montaña,
del aire a la certeza
y del ron a la caña.

De la nube a la roca,
del infinito al hielo,
de la noche a tu boca
y de tu cuerpo al cielo.

EL SEMÁFORO ESPERA A QUE LE ESPERES

EL VUELO DE LOS PÁJAROS

Vuela un pequeño gorrión
enamorado del cielo
que hasta la estrella de Orión
quiere levantar su vuelo.

Vuela un pequeño canario
enamorado del viento
que va en sentido contrario
de la ley del movimiento.

Vuela un pequeño jilguero
enamorado del sol
que quiere ser el primero
en llegar a su arrebol.

Y vuela un pequeño loro
enamorado del mar
que con su plumaje de oro
las olas quiere atrapar.

EL RUIDO DEL TIEMPO

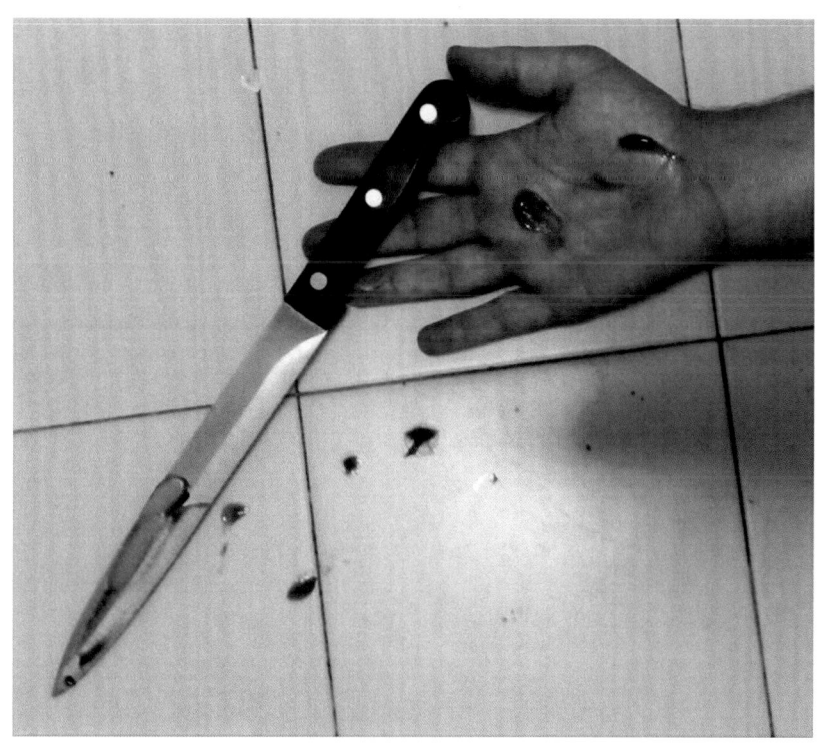

De abrirse las piernas
a abrirse las venas
solo hay una lágrima
de diferencia.

EL CIELO A TUS PIES

A LA VUELTA DE TUS OJOS

Las estrellas barajadas
por capricho del azar
están todas enterradas
bajo la sombra del mar.

La lágrima contenida
por la quietud de la duna
en mi pecho está perdida
bajo la voz de la luna.

La piedra que se ha doblado
por los pitones del viento
en silencio se ha quedado
bajo un oscuro lamento.

Y la noche medio muerta
por un árbol sin postura
en el sueño se despierta
bajo tu hermosa figura.

DOS CONTRA UNO

LA COMPASIÓN DE LA CRUELDAD

Mis palabras viven de las muertes ajenas,
de las confesiones del morbo y la censura,
de la sangre podrida que corre en las venas
y del perfume que desprende la basura.

Mis palabras pintan el sabor del veneno,
el sufrimiento de la angustia y la agonía,
el pecado que oculta cada nazareno
y la burla del olvido y la lejanía.

Mis palabras son el silencio de las drogas,
las balas disparadas que matan sin culpa,
los hilos que aprietan el nudo de las sogas
y las semillas escupidas por la pulpa.

Pues mis palabras tienen lágrimas de sol,
astillas de barcos hundidos en el mar
y todas las consecuencias del alcohol
que solo la soledad puede recordar.

ALMA HECHA HUMO

LA CHICA DE LAS TRES LUNAS

Hermosa, dulce y enamorada,
con tres pupilas en cada ojo
lleva dentro de su mirada
la espina y la flor del abrojo.

Con un latido resistente
pero un corazón delicado
son sus ojos la viva fuente
de cualquier hombre enamorado.

Pero a nadie quiere contar
que es aquello que puede ver
y que tanto la hace llorar
hasta el sol del amanecer.

Pues no es lo que sus ojos ven
sino lo que jamás han visto
lo que la causa no estar bien
y suplicar la muerte a Cristo.

EN LA PIEL DEL AMOR

EL AMOR TODO LO PUEDE

Nunca te he dejado de querer
aunque nos hayamos enfadado
y siempre he hecho por poderte ver
aunque el día nos diera de lado.

Pues toda mi vida te he querido
aun cuando hemos tenido problemas
e incluso cuando hemos discutido
y estábamos llenos de dilemas.

Y es que, aunque haya momentos de lodo
en los que nos cueste coincidir
siempre te querré del mismo modo
que las veces que me haces reír.

EL PULMÓN DE LA CALMA

De los tiempos más difíciles
surgen los momentos más bonitos,
y es que a veces es mejor
equivocarse de corazón que acertar sin él.

CAMUFLADO DE SILENCIO

SE LE ESCAPARON LOS DÍAS

Con los huesos marchitados
por el paso de la vida
sus ojos buscan candados
una corta despedida.

Con los sueños sin cumplir
por vender su vida al sol
su boca busca morir
en un vaso de alcohol.

Con las manos derrotadas
por los años de trabajo
sus rodillas malgastadas
nunca cogen un atajo.

Con sus pasos desteñidos
por la sombra de la calle
sus brazos siguen heridos
como el águila del valle.

Y con la piel blanquecina
por las olas de su frente
su corazón adivina
lo que el alma nunca siente.

EL PIE PAYASO

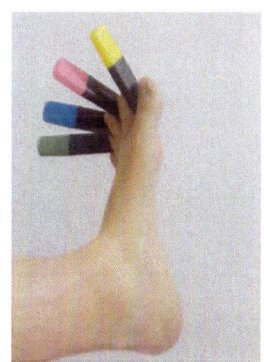

Con la parsimonia de la urgencia
planeo la espontaneidad
que requiere la sorpresa
de la indiferencia para hacer
que lo efímero sea eterno.

VERANO ROTO

Querernos fue suficiente
para hacernos daño.

LA QUIETUD DEL MOVIMIENTO

LOS TRANSPORTES

El pirata que viste de marinero
navega en el mar con su barco velero.

El vampiro que solo sale de noche
para no cansarse siempre coge el coche.

El silencio que abarca mi habitación
visita a las estrellas yendo en avión.

El viento que sopla como un terremoto
cuando no quiere volar coge la moto.

La rata que siempre duerme en el andén
viaja por todo el mundo de tren en tren.

La luna que vigila nuestro planeta
recorre los pueblos con su bicicleta.

Y este poema que ya llega a su fin
sin darte cuenta se va en monopatín.

ORO ROSADO

LA NOCHE DE LAS DOS LUNAS

Puede que fuera verano
o que fuera primavera
cuando una cálida noche
se vieron dos lunas llenas.

En los pueblos más pequeños
se escucha de algunas lenguas
que es verdad que hubo dos lunas
y que no es una leyenda.

Mas nadie supo el motivo
de que aquello sucediera
aunque se escucha el rumor
de que fueron seis sirenas.

Y recorriendo los pueblos
buscando una pista nueva
fui a dar con una pastora
que cuidaba sus ovejas.

Me dijo que ella sabía
porque en esa noche negra
se pudo ver en el cielo
dos gigantes lunas llenas.

Me contó que años atrás
cuando aún iba a la escuela
se enamoró de un muchacho
con dos ojos como perlas.

Y que fueron sus dos ojos
encendidos como velas
las dos lunas que se vieron
en la celeste pradera.

Y es que lo que nadie sabe
de aquella noche tan vieja
es que hicieron el amor
a la luz de las estrellas.

Y jura que fue por eso
que se reflejó la estela
de sus dos hermosos ojos
sobre la oscura quimera.

Pero que desde aquel día
el mozo hizo la promesa
de no mirar más al cielo
al gozar de su belleza.

Pues el joven solo quiso
que fuera su amor quien viera
las dos lunas tan hermosas
que sobre su cuerpo queman.

TIEMPO AL TIEMPO

Llamamos esperanza
a las promesas por cumplir
de la felicidad.

SOL Y SOMBRA

El amor es el único deporte
en el que se gana llegando el último.

LA FLOR QUE NO ERA FLOR

EL AMOR ES ALEGRÍA

Cuando me besas, mi cuerpo vuela
más allá de la felicidad
porque en ti encontré al alma gemela
que le faltaba a mi otra mitad.

Cuando tu dulce lengua me toca
siento entre tú y yo una conexión
que hace que te sueñe con la boca
y te piense con el corazón.

Y cuando nuestro amor sin medida
me tiene entre tus labios envuelto
entregaría por ti mi vida
de igual modo que me la has devuelto.

RECUERDOS DESCALZOS

FIN DEL AMOR

Lo que más me duele no es la traición y el engaño
sino saber que nunca más te volveré a ver
y olvidar los buenos recuerdos que año tras año
los dos juntos construimos por un mismo querer.

No tengo hacia ti nada de odio ni de rencor
porque sé que el corazón no elige a quien amar
pero me destroza que hayas usado el amor
como arma del crimen para poderme matar.

Nunca pensé que escribir me dolería tanto
como el delicado vuelo de una mariposa
que hace que se rompa la primavera en un llanto
de nicotina, alquitrán, melancolía y prosa.

Pues todos los infiernos han caído del cielo
por la pesadez del dolor que llevan consigo
sobre la inhumana soledad de mi desvelo
que no sabe cómo vivir sin estar contigo.

FONDO MARINO

TRISTE ABANDONO

Cada noche me desvelo
con lágrimas en los ojos
por haberse muerto el cielo
en la flor de los abrojos.

Cada día más puñalcs
se me clavan en el pecho
apretando los cristales
que tanto daño me han hecho.

Cada vez que te recuerdo
tengo ganas de morirme
porque siento que te pierdo
y no dejo de mentirme.

Y con cada luna llena
mi corazón se suicida
porque no aguanta la pena
de tenerte ya perdida.

COSAS DE GALGOS

HARTO DE OPORTUNIDADES

Insumiso de la vida
y obediente de la muerte
nunca temo a la caída
sino al hecho de perderte.

Mas como la espiga grácil
que jamás quiso ser trigo
morir por ti me es más fácil
que vivir y estar contigo.

Pues yo, que siempre te he amado
lo máximo que he podido,
tu corazón espinado
me ha amado lo que ha querido.

Y es que el sol de tu carisma
ya apenas lo reconozco
sin saber si eres la misma
o es que aún no te conozco.

EL PULSO DEL TIEMPO

Eres perfecta cuando te equivocas.

DERRAPE DEL SOL

Sueño con un mundo
en el que ser igual a los demás
sea ser diferente.

DURA COMO EL HIERRO

DESTELLOS DE SOMBRA

El corazón se me quiere escapar
en forma de lágrimas por los ojos,
pero tu imagen le hace regresar
a donde ya solo quedan despojos.

Sé que no soy el príncipe de tu cuento
pero lucharé por ser el dragón
que te eleve a lo más alto del viento
para recuperar tu corazón.

Y es que si todavía sigo vivo
es porque sé que aún me echas de menos
y porque no necesito un motivo
para volver a nuestros tiempos buenos.

Y aunque alguien más te quiera convencer
de que ya solamente soy el pasado
sabes bien que nunca te va a querer
como los años que pasé a tu lado.

Mas aunque otro sea tu prioridad
y creas más en él que en lo que digo
tu piel sabe que soy tu otra mitad
aunque ya no quieras estar conmigo.

Por eso déjate ya de mentiras
y haz caso a lo que te dice el amor,
que es por mi boca por la que suspiras
y mis besos los que te dan calor.

Pues no sabes lo que el corazón me arde
todas las veces que no puedo verte,
y a pesar de que ya pueda ser tarde
mi alma nunca dejará de quererte.

SIN CARA NI CRUZ

LA MAGIA DE TUS BESOS

Cuando me besas me falta cielo
porque sobrepaso el infinito
desde tus ojos de caramelo
hasta los versos que no te he escrito.

Cuando me besas el tiempo muere
y desaparece el frío invierno
que al silencio de la noche hiere
cuando en tu boca me haces eterno.

Cuando me besas llora la luna
porque tiene envidia de tu boca
al ser tus labios la dulce cuna
que alcanza lo que su luz no toca.

Y cuando me besas no hay más vida
que la que tu saliva me ofrece
dejando a la Tierra reducida
al amor que en nuestros besos crece.

MI VIDA CADA MAÑANA

HACE TIEMPO QUE NOS BUSCAMOS

Me gustaría haberte conocido
mucho antes de meterme en el aprieto
de saber que eres el amor prohibido
que mi corazón custodia en secreto.

Me arrepiento de haber llegado tarde
a ofrecerte el amanecer del mundo
que en el interior de mis ojos arde
por querer tenerte a cada segundo.

Sé que me quieres como yo te quiero
y que te es difícil la situación
de comprender que por tu boca muero
al tener dividido el corazón.

Pero quiero que me dejes llevarte
a donde el sol se junta con el mar
y por una vez poder abrazarte
sin tenerte más tarde que soltar.

LA DOMACORAZONES

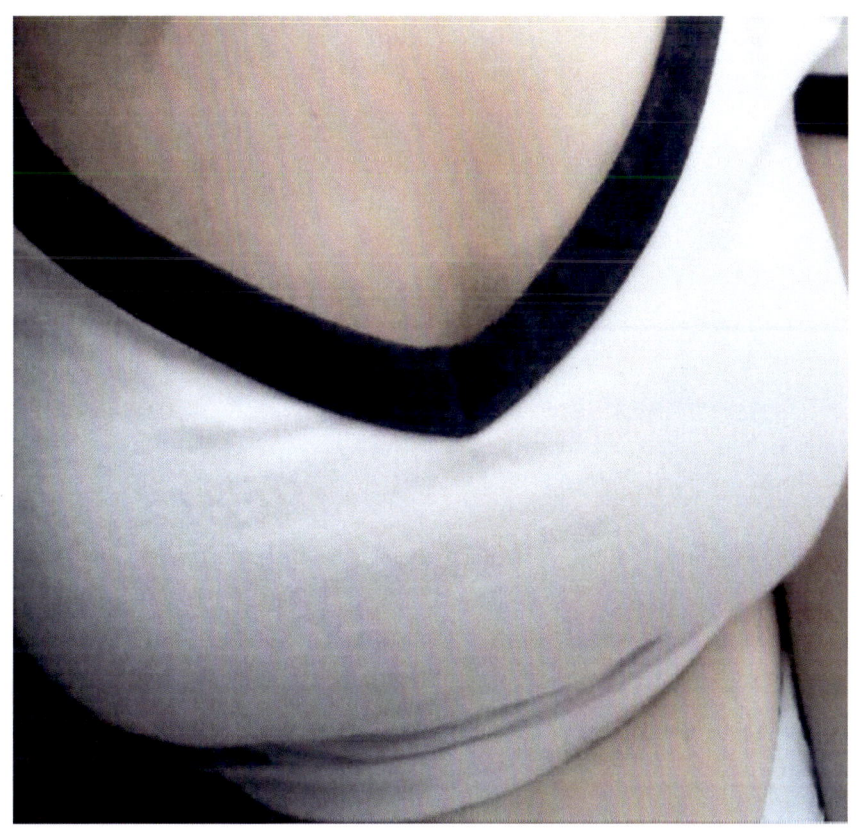

INFIERNO CELESTIAL

Te adivino en la oscuridad
observándote con mi boca
y recorro la inmensidad
en la que tu alma desemboca.

El corazón se me acelera
regocijado en el calor
de la danza de tu cadera
que baila al ritmo del amor.

La luna se queda empañada
cuando despierto a tus cien mares
y en nuestra unión apasionada
hago temblar a tus lunares.

Y tú en mis piernas derretida
volando por el firmamento
detienes el tiempo y la vida
en nuestro más dulce momento.

DOS CORAZONES EN UNO

AMOR ETERNO

Aunque mi corazón deje de latir
desde las estrellas te seguiré amando
porque si hay algo que nunca podrá morir
es el amor que por ti he estado guardando.

Pues si un día el corazón se me detiene
y los rayos del sol me dan sepultura
caerá todo lo que el cielo sostiene
para hacerte saber que mi amor perdura.

Pues en la muerte te seguiré queriendo
como en la vida tanto te habré querido
porque mi amor por ti seguirá latiendo
donde nunca podrá llegar el olvido.

Y aunque el amor sea la única verdad
que carece de pasado y de presente,
se me queda muy corta la eternidad
para poder amarte infinitamente.

OS QUIERO PAPÁ Y MAMÁ

Moriría infinitas veces por mis padres
y aun así no serían suficientes veces
para poder agradecerles
la vida que me han dado.

JUNTOS HASTA EL INFINITO

Cada latido de mi corazón
es un pensamiento de ti.

LA SOLEDAD DEL CORAZÓN

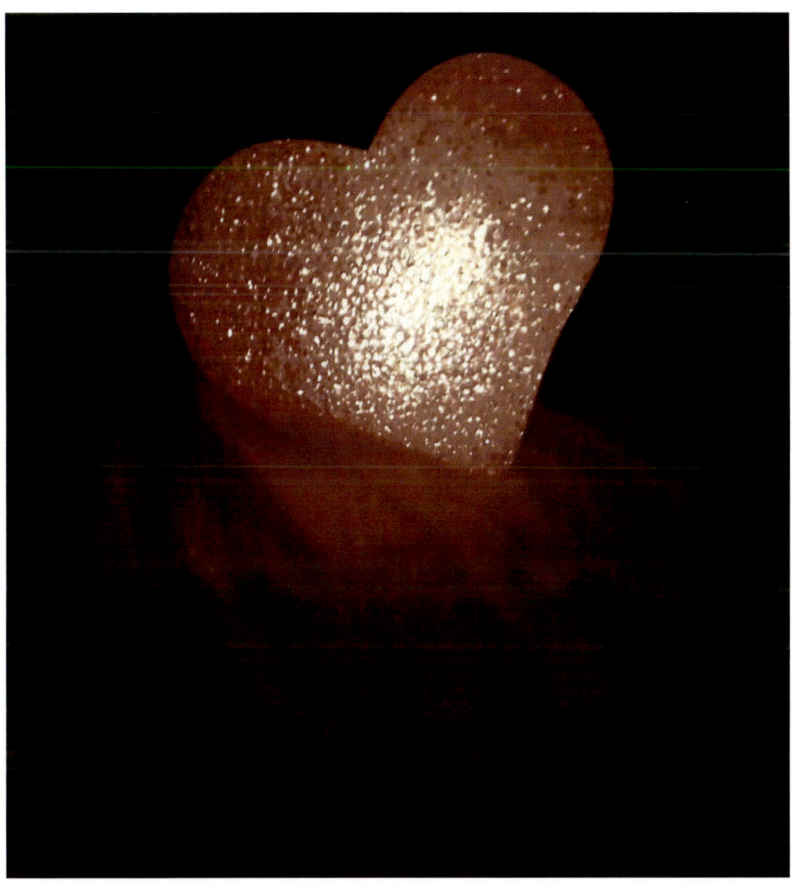

¡Cuánto duele el amor
cuando la mente
gana al corazón!

EL AMOR ES IRREPETIBLE

EL UNO PARA EL OTRO

Sollozan de celos la luna
y la más luminosa estrella
porque no hay en el cielo ninguna
que sea como tú de bella.

Se enojan el agua del mar
y el néctar de la dulce miel
porque no pueden escapar
de enamorarse de tu piel.

Enloquecen de amor el arte
y la flor que nace del trigo
porque es imposible no amarte
y no querer estar contigo.

Y se anteceden los sucesos
antes de poder cometerlos
porque todos quieren tus besos
y solo yo puedo tenerlos.

PAZ INTERIOR

MI DESTINO POR CASUALIDAD

Solamente el cielo es testigo
de lo que mi corazón siente
cuando mi alma no está contigo
y tu imagen llena mi mente.

He regresado sin volver
a donde ya nada me asusta
y me refugio en tu querer
porque sin ti nada me gusta.

Apareciste por sorpresa
en mi sonrisa demolida
y cumpliré con la promesa
de quererte toda la vida.

Y es que si de algo estoy seguro
es de que quiero ser tu esposo
y tener contigo un futuro
de felicidad y reposo.

TU POETA

MATEMÁTICAS DE LA VIDA

Si sumamos uno más uno
tenemos dos enamorados
que desde el mismo desayuno
no quieren estar separados.

Pero si al mundo le restamos
las guerras y las injusticias
tenemos lo que más amamos
en una vida de delicias.

Pues que ser buenos no nos reste,
que amar no sea una condena,
que ser valientes no nos cueste
y que reír valga la pena.

EL GATO DE LOS TEJADOS DE MÓSTOLES

QUIERO OLVIDARTE

Ya no quiero despertar llorando
ni dudar si me sigues queriendo
pues ya no quiero seguir pensando
si sufres como yo estoy sufriendo.

Ya no quiero tener que pensarte
ni echarte cada noche de menos,
tan solo quiero dejar de amarte
y olvidar nuestros momentos buenos.

Ya estoy bastante harto de llorar
y de ser yo a quien siempre le duela
todo lo que decides callar
porque mi amor ya no te consuela.

Ya no tengo ganas de vivir
y mucho menos de estar contigo,
mi corazón dejó de latir
cuando me engañaste con tu amigo.

Ojalá nunca te hubiera visto
para así no haberme enamorado
y padecer lo que sintió Cristo
cuando de amor fue crucificado.

PEQUEÑO PIRATA

MIS ZAPATOS COMEN DE LA MÚSICA QUE BAILAN TUS PIES

Te vistes de poesía
cada vez que te desnudas
porque eres la fantasía
de las sílabas agudas.

Tu piel despierta a la noche
blindada por el silencio
que hace que se desabroche
lo que a solas penitencio.

Mis palabras de papel
mastican la suavidad
de las gotas de tu miel
que calman la tempestad.

Y reclamo los derechos
que poseo como autor
de tus dos hermosos pechos
para empezarte el amor.

MI OTRO YO

A CORAZÓN DESCUBIERTO

Respondo con preguntas, pregunto con respuestas,
beso lo que más duele, me entrego a las apuestas,
defiendo el caos, me lanzo a lo desconocido,
avalo al peligro y rompo con lo restringido.

Me visto de mueca triste, me salto el presente,
apoyo los errores, nado a contracorriente,
duermo en el desorden, apuesto por lo imposible,
llevo la contraria a todo y creo en lo increíble.

Admiro los desastres, adoro las tormentas,
me refugio en los destrozos, me invento las cuentas,
escribo en las noches sin luna, vuelo sin alas,
recurro al riesgo y palpo el silbido de las balas.

Me enamoran los infiernos, me da suerte el trece,
trino siendo perro, bailo porque me apetece,
lloro porque me gusta, sueño con frenesí,
resisto porque me agrada y vivo porque sí.

ÍNDICE